Knuffige Kerlchen

Monika Gänsler

Tiere aus Sperrholz

(Die Anleitung für diesen Kuschelbären finden Sie auf Seite 26/27.)

Fotos: frechverlag GmbH + Co. Druck KG, 70499 Stuttgart;
Fotostudio Ullrich & Co., Renningen

Dieses Buch enthält:
2 Vorlagenbogen

Auflage: 5. 4. 3. 2.
Jahr: 2005 2004 2003 2002
Letzte Zahlen maßgebend

ISBN 3-7724-2866-5 · Best.-Nr. 2866
Druck: frechverlag GmbH + Co. Druck KG, 70499 Stuttgart

Liebe Leserinnen und Leser,

haben Sie Lust, etwas aus Holz zu basteln? Dann besorgen Sie sich schnell Sperrholz und eine Laubsäge, damit der Sägespaß beginnen kann! Welches wird Ihr Lieblingsmotiv? Das gemütliche Nashorn, das die Bücher stützt, der Elch, der Ihnen die Tür aufhält oder der kleine Löwe, der so gerne gezogen werden möchte? Oder alle zusammen? Mir sind alle dieser knuffigen Kerlchen so ans Herz gewachsen, dass ich mich nicht für einen von ihnen entscheiden könnte! Und meine Freundinnen waren so begeistert von ihnen, dass sie sie am liebsten gleich mit nach Hause genommen hätten. Kein Wunder, denn diese niedlichen Holztiere sorgen überall im Haus für gute Laune.

Ich wünsche Ihnen viel Spaß beim Sägen und Bemalen!

Ihre

Monika Gänsler

Bastelmaterial und Werkzeug

Folgende Materialien und Werkzeuge benötigen Sie, um die lustigen Holztierchen herzustellen:

- Pappel- oder Kiefern-Sperrholz, 4 mm und 1 cm stark
- Laub- oder Dekupiersäge (mit Sägeblättern für Holz)
- Geglühter Bindedraht, 0,65 mm und 0,35 mm stark
- Bohrmaschine
- Bohrer (Spiralbohrer), ø 1,5 mm, 3 mm, 4 mm und 4,5 mm
- Schraubzwinge
- Feile
- Schleifpapier, Körnung z.B. 80 und 120
- Pauspapier
- Transparentpapier
- Klebefilm
- Bleistift
- Matte Acryl- oder Bastelfarbe
- Breiter Borstenpinsel
- Dünner Pinsel
- Dünner, schwarzer Stift (wasserfest)
- UHU Alleskleber Kraft
- Heißklebepistole
- Seitenschneider
- Evtl. Kreis- und Ellipsen-schablone
- Sprühlack

So geht es

1 Legen Sie zuerst einen Bogen Pauspapier auf das Sperrholz und darüber den Vorlagenbogen. Fixieren Sie beides mit Klebefilm auf dem Sperrholz, damit nichts verrutscht. Ziehen Sie nun mit Bleistift das Motiv samt aller Innenlinien auf dem Vorlagenbogen nach. Es empfiehlt sich, beim Übertragen zwischen den einzelnen Motivteilen (wie z.B. zwischen dem Körper und den Beinen) etwas Platz zu lassen, weil das Aussägen der Einzelteile dann besser geht. Dazu lösen Sie den Vorlagenbogen und ggf. das Pauspapier ab und kleben alles mit etwas Versatz wieder fest. Achten Sie bitte darauf, dass die Teile nicht überlappen!

2 Sägen Sie nun das Motiv mit einer Laub- oder Dekupiersäge sorgfältig aus. In den Ecken sägen Sie am besten auf der Stelle und drehen dabei das Motiv ganz langsam. Sie können aber auch mit einem dünnen Bohrer ein kleines Loch in die Ecken bohren, das Sägeblatt dort einführen und so leichter die Ecken aussägen. Damit Sie die Sperrholzplatte beim Aussägen nicht ständig mit der Hand festhalten müssen, schrauben Sie sie am besten mit einer Schraubzwinge am Tisch fest. Glätten Sie die Kanten mit der Feile und Schleifpapier und bohren Sie die Löcher für die Verdrahtungen in die Motive.

3 Bemalen Sie die Holztiere mit Acrylfarbe oder einer anderen für Holz geeigneten Bastelfarbe. Für den zarten, transparenten Anstrich habe ich die Farbe stark mit Wasser verdünnt. Für die kräftigen Farbakzente, wie z.B. die Mähnenspitzen beim Löwen, habe ich die Bastelfarbe unverdünnt aufgetragen. Nach dem Trocknen ziehen Sie die Augen und die Innenlinien mit einem dünnen schwarzen Stift nach und drahten die Beine an. Dazu schneiden Sie mit dem Seitenschneider ein jeweils ca. 8 cm langes Stück Bindedraht (0,65 mm stark) ab, stecken diesen von vorne durch die Bohrungen und verdrehen ihn auf der Rückseite. Die überstehenden Drahtenden können nun gekürzt werden. Die Holzverzierungen, wie z.B. die Möhre, hängen Sie den Tieren mit dünnem Bindedraht (0,35 mm stark) um. Ggf. kleben Sie den Holztieren noch einen Bildaufhänger auf oder bringen für den Blumenstecker einen Alustab an. Zum Schluss besprühen Sie die Holztiere mit Sprühlack, um sie gegen Feuchtigkeit zu schützen.

Tipps und Tricks

Pappel-Sperrholz ist besonders gut für diese Laubsägearbeiten geeignet.

Falls Ihnen 1 cm starkes Sperrholz zu dick ist, können Sie auch dünneres Sperrholz verwenden. Unter Umständen kippen die Motive (wie z.B. die Igelparade) dann aber leichter!

Achten Sie darauf, dass Ihr Sperrholzstück nicht zu knapp bemessen ist. Ein etwas größeres Stück lässt sich beim Aussägen besser festhalten und ist dadurch sicherer zu handhaben. Die Angaben in diesem Buch sollten Sie mindestens einplanen. Ein paar Zentimeter mehr machen das Arbeiten leichter.

Um eine Fläche innerhalb eines Motivs auszusägen (wie z.B. bei der Kuh von Seite 32), bohren Sie zuerst ein kleines Loch in diese Fläche, lösen das Sägeblatt der Laub- oder Dekupiersäge, stecken es durch die Bohrung und ziehen es wieder fest. Jetzt können Sie die Fläche aussägen.

Um ein Ineinanderlaufen der Farben zu vermeiden, sollte die erste Farbe erst richtig trocken sein, bevor die nächste aufgetragen wird.

Falls die Rückseite Ihres Motivs genauso hübsch wie die Vorderseite aussehen soll, müssen Sie alle Innenlinien spiegelverkehrt auf die Motivrückseite übertragen. Dazu pausen Sie das Motiv mit allen Innenlinien mit einem Bleistift vom Vorlagenbogen auf Transparentpapier ab, legen dieses mit der bemalten Seite nach unten auf die Rückseite des bereits ausgesägten Motivs und ziehen die aufgemalten Innenlinien nach. So überträgt sich der Grafit der Bleistiftlinien auf das Sperrholz.

Sollten Sie beim Bemalen zufällig Innenlinien übermalen, ist das auch nicht schlimm. Übertragen Sie dann einfach das Motiv auf Transparentpapier, ziehen Sie die Linien mit Bleistift auf der Rückseite nach und legen Sie das Transparentpapier dann auf das Motiv. Wenn Sie jetzt die Linien noch einmal nachfahren, dann überträgt sich der Bleistift-Grafit von der Rückseite des Transparentpapiers auf das Motiv. Nun können Sie die Innenlinien mit dem schwarzen Stift nachziehen.

Für die Wangen vermischen Sie Weiß mit etwas Rot. Zum Schluss tragen Sie noch einen kleinen, weißen Pinselstrich auf.

Zum Ankleben einzelner Holzteile habe ich die Heißklebepistole oder UHU Alleskleber Kraft verwendet. Beide Klebstoffe trocknen recht schnell. Dadurch lässt sich ein Verrutschen der einzelnen Teile vermeiden.

Beim Bohren der größeren Löcher können Sie erst mit einem dünneren Bohrer ein Loch vorbohren. Dieses dünne Loch dient als Führung für den größeren Bohrer.

Zum Aufmalen der Augen oder Nasen können Sie evtl. eine Kreis- oder Ellipsenschablone verwenden.

Starke Typen

(Anleitung Seite 10)

Pfister Der Regenbogenfisch
Bauernhof
Fühlen und Begreifen
arsEdition
Thönissen Die Weihnachtsgeschichte
Ute Thönissen
DIE

Starke Typen

(Abbildung Seite 8/9)

Sägen Sie das Nashorn, das Nilpferd und die Teile für die Buchstützen aus und malen Sie sie an. Nach dem Trocknen bohren Sie an den mit gestrichelten Linien gekennzeichneten Stellen kleine Löcher in das Nashorn und das Nilpferd. Kleben Sie ein Schwänzchen aus Paketschnur in die Löcher und zwirbeln Sie die Paketschnur an den Schwanzenden etwas auf. Kleben Sie die Brettchen im rechten Winkel zusammen, lassen Sie sie gut trocknen und kleben Sie zum Schluss die Tiere auf die Buchstützen.

Motivgröße
ca. 11 cm x 16 cm (Nashorn)

Material
- Sperrholz, 1 cm stark, pro Stütze ca. 40 cm x 22 cm
- Bastelfarbe in Rot, Dunkelgrün, Orange, Ultramarinblau, Weiß, Hautfarbe und Mittelgelb
- Paketschnur, 2,5 mm stark
- Bohrer, ø 3 mm

Vorlagenbogen 1A

Wer zieht mich?

(Anleitung Seite 12)

Motivgröße
ca. 11 cm x 15 cm (ohne Angelrute)

Material
- Sperrholz, 4 mm stark, Rest
- Sperrholz, 1 cm stark, 15 cm x 18 cm
- Bastelfarbe in Mittelbraun, Ultramarinblau, Orange, Olivgrün, Weiß, Hautfarbe, Rot und Schwarz
- 4 Holzräder, ø 3 cm, 8 mm stark, mit einer Bohrung mit ø 4 mm
- Rundholz, ø 4 mm, ca. 8 cm lang
- Paketschnur, 1 mm stark
- Paketschnur, 2,5 mm stark
- Bindedraht, 0,65 mm stark
- 4 Besenhaare in Schwarz
- Nähgarn in Schwarz
- 1 geschlossene Ringschraube in Messing, 8 mm x 3 mm
- Bohrer, ø 1,5 mm, 3 mm und 4,5 mm

Vorlagenbogen 1A

Wer zieht mich?

(Abbildung und Materialliste Seite 10/11)

Sägen Sie den Löwen aus dem dicken und das Entchen aus dem dünnen Sperrholz aus. Bemalen Sie die beiden und bohren Sie nach dem Trocknen die Löcher in die gekennzeichneten Stellen. Kleben Sie ein Löwen-Schwänzchen aus dicker Paketschnur an, befestigen Sie die Holzräder mit der vorher halbierten Rundholzstange und schrauben Sie die Ringschraube an. Durch deren Öse ziehen Sie dünne Paketschnur als Ziehband. Biegen Sie ein Ende eines ca. 8 cm langen Bindedraht-Stücks zu einer Öse, kleben Sie den Draht in das dafür vorgesehene Loch und hängen Sie mit Nähgarn die Ente an die Angelrute. Zum Schluss kleben Sie die Schnurrhaare aus Besenhaaren mit UHU Alleskleber Kraft auf.

Hier kommt die Igelparade!

Sägen Sie die Herzchen aus dem dünnen und die Igel aus dem dicken Sperrholz aus. Bemalen Sie alles wie abgebildet und kleben Sie nach dem Trocknen die Herzchen auf die Igel. Bohren Sie die Löcher für die Ringschrauben und schrauben Sie sie ein. Bohren Sie dann die Löcher für die Holzräder und befestigen Sie diese mit jeweils 4 cm langen Rundholz-Stücken. Hängen Sie zum Schluss die Igelchen mit Paketschnur hintereinander.

Motivgröße

ca. 13 cm x 12 cm (großer Igel)

Material

- Sperrholz, 4 mm stark, Rest
- Sperrholz, 1 cm stark, ca. 18 cm x 32 cm
- Bastelfarbe in Olivgrün, Hautfarbe, Rot, Weiß, Schwarz, Orange und Mittelbraun
- 12 Holzräder, ø 3 cm, 8 mm stark, mit einer Bohrung mit ø 4 mm
- Rundholz, ø 4 mm, ca. 24 cm lang
- Paketschnur, 1 mm stark
- 5 geschlossene Ringschrauben in Messing, 8 mm x 3 mm
- Bohrer, ø 1,5 mm und 4,5 mm

Vorlagenbogen 1A

Gans im Glück

Sägen Sie die Gans aus dem dicken und das Kleeblatt aus dem dünnen Sperrholz aus. Bemalen Sie alles wie abgebildet. Lassen Sie die Farben trocknen, bohren Sie die benötigten Löcher in die Motive und drahten Sie die Watschelfüße mit dem dicken Bindedraht an. Kleben Sie die Federn mit UHU Alleskleber Kraft auf und hängen Sie das Kleeblatt mit dünnem Bindedraht um den Gänsehals. Zum Schluss bringen Sie einen Bildaufhänger an.

Motivgröße
ca. 18 cm x 25 cm

Material
- Sperrholz, 4 mm stark, Rest
- Sperrholz, 1 cm stark, 22 cm x 23 cm
- Bastelfarbe in Weiß, Olivgrün und Orange
- 2 Federn in Weiß
- Bindedraht, 0,35 mm stark
- Bindedraht, 0,65 mm stark
- Bildaufhänger
- Bohrer, ø 1,5 mm

Vorlagenbogen 1A

Schwein gehabt!

(Abbildung Seite 16)

Sägen Sie die Ohren und die Nase aus dem dünnen und das Schwein selbst aus dem dicken Sperrholz aus und bemalen Sie alles wie abgebildet. Nach dem Trocknen bohren Sie die Löcher für die Beine und befestigen diese mit dem dicken Bindedraht. Kleben Sie die Ohren, die Nase, Haare aus aufgezwirbelter Paketschnur und einen Bildaufhänger auf und hängen Sie dem Schweinchen mit dünnem Bindedraht eine Strohschleife um.

Motivgröße
ca. 15 cm x 20 cm

Material
- Sperrholz, 4 mm stark, Rest
- Sperrholz, 1 cm stark, 17 cm x 24 cm
- Bastelfarbe in Schwarz, Hautfarbe, Weiß und Rot
- Paketschnur, 2,5 mm stark
- Bindedraht, 0,35 mm stark
- Bindedraht, 0,65 mm stark
- Stroh
- Bildaufhänger
- Bohrer, ø 1,5 mm

Vorlagenbogen 1B

Schwein gehabt!

(Anleitung und Materialliste Seite 14)

Eieiei

(Anleitung und Materialliste Seite 18)

Eieiei

(Abbildung Seite 16/17)

Sägen Sie die Flügel, die Schnäbel, die Kehllappen und die Kämme aus dünnem und die Hühner selbst aus dickem Sperrholz aus und bemalen Sie alles wie abgebildet. Nach dem Trocknen kleben Sie alle Teile bis auf die rechten Flügel auf. Bohren Sie die Löcher und drahten Sie die Beine an. Geben Sie auf jedes Heubündel einen Klecks Klebstoff und kleben Sie diese dann hinter die rechten Flügel. Hierfür eignet sich die Heißklebepistole besonders gut. Fixieren Sie nun die Flügel auf den Hühnern und kleben Sie zum Schluss einen Bildaufhänger hinter jedes Huhn.

Motivgröße
ca. 12 cm x 23 cm (ein Huhn)

Material
- Sperrholz, 4 mm stark, pro Huhn 15 cm x 15 cm
- Sperrholz, 1 cm stark, pro Huhn 15 cm x 28 cm
- Bastelfarbe in Weiß, Olivgrün, Rot, Orange, Mittelbraun und Hautfarbe
- Heu
- Bindedraht, 0,65 mm stark
- 2 Bildaufhänger
- Bohrer, ø 1,5 mm

Vorlagenbogen 1B

Ein wirklich freches Kerlchen!

Sägen Sie das Mundteil aus dem dünnen und den Körper und die Beine der Giraffe aus dem dicken Sperrholz aus. Bemalen Sie die Giraffe wie abgebildet und kleben Sie das Mundteil und die Beine fest. Achten Sie dabei bitte darauf, dass die Sitzfläche wirklich gerade ist und die Beine senkrecht aufgeklebt werden. Zum Schluss bekommt die Giraffe noch ein hübsches Tuch um den Hals geknotet.

Motivgröße
ca. 7 cm x 25 cm

Material

- Sperrholz, 4 mm stark, Rest
- Sperrholz, 1 cm stark, 20 cm x 20 cm
- Bastelfarbe in Schwarz, Hautfarbe, Mittelgelb, Weiß und Rot
- Rechtwinkliges Stoffdreieck, 16 cm x 16 cm x 22,5 cm

Vorlagenbogen 1B

Mein Tipp
Besonders hübsche Stoffe finden Sie bei Patchworkstoffen.

Hallo, herzlich willkommen!

(Materialliste Seite 22)

Sägen Sie den Elchkörper aus dem dicken und die restlichen Teile aus dem dünnen Sperrholz aus und bemalen Sie alles wie abgebildet. Nach dem Trocknen kleben Sie das Geweih und das Schnauzenteil an und hängen dem Elch mit Bindedraht eine Blüte um. Schrägen Sie den Holzkeil ab und kleben Sie den Elch dagegen.

Und auf Wiedersehen!

(Anleitung und Materialliste Seite 22)

Motivgröße
ca. 14 cm x 18 cm (ohne Holzkeil)

Material
- Sperrholz, 4 mm stark, Rest
- Sperrholz, 1 cm stark, 18 cm x 18 cm
- Holzlatte, ca. 11 cm lang, 1,8 cm hoch und 4 cm breit
- Bastelfarbe in Mittelbraun, Hautfarbe, Weiß, Mittelgelb, Rot, Schwarz und Olivgrün
- Bindedraht, 0,35 mm stark
- Bohrer, ø 1,5 mm

Vorlagenbogen 1B

Und auf Wiedersehen!

(Abbildung Seite 21)

Sägen Sie die Schildkrötenpanzer-Flecken aus dem dünnen und die Schildkröte selbst aus dem dicken Sperrholz aus und bemalen Sie alles wie abgebildet. Nach dem Trocknen erhält die Schildkröte ihre Flecken aufgeklebt und mit Bindedraht die Schelle umgehängt. Schrägen Sie den Holzkeil ab und kleben Sie die Schildkröte darauf.

Motivgröße
ca. 13 cm x 7 cm (ohne Holzkeil)

Material
- Sperrholz, 4 mm stark, Rest
- Sperrholz, 1 cm stark, 10 cm x 15 cm
- Holzlatte, ca. 18,5 cm lang, 1,8 cm hoch und 4 cm breit
- Bastelfarbe in Dunkelgrün, Ultramarinblau und Orange
- Bindedraht, 0,35 mm stark
- Schelle in Rot

Vorlagenbogen 1B

Miau!

Sägen Sie die Katze aus dem dicken und die Maus aus dem dünnen Sperrholz aus und bemalen Sie die beiden wie abgebildet. Nach dem Trocknen erhalten sie ihre Bohrlöcher. Drahten Sie mit dem dicken Bindedraht die Beine an und kleben Sie der Katze Schnurrhaare aus Besenhaaren auf. Die Maus bekommt Nasenhaare aus Besenhaaren und einen Schwanz aus Zwirn aufgeklebt. Zum Schluss hängen Sie der Katze mit dünnem Bindedraht das Mäuschen um und kleben den Bildanhänger auf.

Motivgröße
ca. 14 cm x 29 cm

Material
- Sperrholz, 4 mm stark, Rest
- Sperrholz, 1 cm stark, 20 cm x 30 cm
- Bastelfarbe in Hautfarbe, Schwarz, Rot und Weiß
- Bindedraht, 0,35 mm stark
- Bindedraht, 0,65 mm stark
- 6 Besenhaare in Schwarz
- Zwirn in Schwarz
- Bildaufhänger
- Bohrer, ø 1,5 mm

Vorlagenbogen 1B

Mein Tipp
Wenn Sie wollen, können Sie die Schnurrhaare auch nur aufmalen.

Lisa und Laura

(Anleitung und Materialliste Seite 26)

Lisa und Laura

(Abbildungen Seite 24/25)

Sägen Sie die beiden Schäfchen aus und bemalen Sie sie wie abgebildet. Nach dem Trocknen bohren Sie die Löcher in das Holz und drahten die Beine mit dickem Bindedraht an. Hängen Sie jedem Schäfchen ein mit dünnem Bindedraht umwickeltes Wollschleifchen um. In das Schäfchen, das als Blumenstecker verwendet wird, muss zum Schluss noch ein Loch gebohrt und der Alustab hineingeklebt werden. Das andere Schäfchen erhält den Bildaufhänger aufgeklebt.

Motivgröße

ca. 13 cm x 21 cm (ein Schäfchen)

Material

- Sperrholz, 1 cm stark, ca. 32 cm x 25 c
- Bastelfarbe in Hautfarbe, Schwarz, Weiß und Rot
- Bindedraht, 0,35 mm stark
- Bindedraht, 0,65 mm stark
- Wollreste in Grau und Weiß, dick
- Alustab, ø 4 mm, ca. 25 cm lang
- Bildaufhänger
- Bohrer, ø 1,5 mm und 4 mm

Vorlagenbogen 2A

Kuschelbär

Sägen Sie den Bär aus dem dicken und das Herz aus dem dünnen Sperrholz aus und bemalen Sie beides wie abgebildet. Nach dem Trocknen erhält der Bär Haare aus aufgezwirbelter Paketschnur aufgeklebt. Bohren Sie die Löcher in das Herz und hängen Sie es dem Bär mit Bindedraht um den Hals. Zum Schluss kleben Sie den Bildaufhänger auf.

Motivgröße
ca. 12 cm x 22 cm

Material
- Sperrholz, 4 mm stark, Rest
- Sperrholz, 1 cm stark, 16 cm x 25 cm
- Bastelfarbe in Mittelbraun, Hautfarbe, Weiß, Rot und Ultramarinblau
- Paketschnur, 2,5 mm stark
- Bindedraht, 0,35 mm stark
- Bildaufhänger
- Bohrer, ø 1,5 mm

Vorlagenbogen 2A

Nestbau ist angesagt

Sägen Sie den Schnabel, die Flügel und das Schwänzchen aus dem dünnen und den Rabenkörper und die Beine aus dem dicken Sperrholz aus und bemalen Sie alles wie abgebildet. Nach dem Trocknen bohren Sie die Löcher in den Körper und die Beine und kleben dem Raben den Schnabel, den Schwanz und einen Flügel auf. Kleben Sie die Zweige mit einem Klecks Klebstoff aus der Heißklebepistole zusammen und kleben Sie das Zweigbündel dann hinter den anderen Flügel. Zum Schluss drahten Sie die Beine an und kleben den Flügel samt Zweigbündel fest.

Motivgröße
ca. 14 cm x 21 cm

Material
- Sperrholz, 4 mm stark, 15 cm x 20 cm
- Sperrholz, 1 cm stark, 15 cm x 25 cm
- Bastelfarbe in Mittelgelb und Schwarz
- Bindedraht, 0,65 mm stark
- Zweige
- Bohrer, ø 1,5 mm

Vorlagenbogen 2A

Für mich sind Mohrrüben das Größte!

Sägen Sie die Möhre aus dem dünnen und das Häschen aus dem dicken Sperrholz aus und bemalen Sie alles wie abgebildet. Nach dem Trocknen kleben Sie dem Häschen Haare aus aufgezwirbelter Paketschnur auf und bohren die Löcher in den Körper und die Beine. Drahten Sie die Beine mit dem dicken Bindedraht an, kleben Sie die Barthaare aus Besenhaaren mit UHU Alleskleber Kraft auf und hängen Sie dem Häschen mit dünnem Bindedraht die Mohrrübe um den Hals. Zum Schluss kleben Sie den Bildaufhänger auf.

Muh, ich heiße Kuh!

(Abbildung Seite 32)

Sägen Sie den Kuhkörper aus dem dicken und den Kopf und das Schnauzenteil aus dem dünnen Sperrholz aus. Für das Aufhängeloch bohren Sie zuerst ein kleines Loch, lösen dann das Sägeblatt der Laub- oder Dekupiersäge, stecken es durch die Bohrung und ziehen es wieder fest. Nun können Sie die Innenfläche aussägen. Bemalen Sie die Kuh wie abgebildet und kleben Sie ihr den zusammengesetzten Kopf auf. Nun müssen Sie nur noch ein Stückchen dicke, aufgezwirbelte Paketschnur als Schwanzende ankleben und die Kuh mit der dünnen Paketschnur aufhängen.

Motivgröße
ca. 14 cm x 13 cm

Material
- Sperrholz, 4 mm stark, Rest
- Sperrholz, 1 cm stark, 17 cm x 18 cm
- Bastelfarbe in Weiß, Schwarz, Hautfarbe und Rot
- Paketschnur, 1 mm stark
- Paketschnur, 2,5 mm stark
- Bohrer, ø 1,5 mm

Vorlagenbogen 2A

Motivgröße
ca. 12 cm x 27 cm

Material
- Sperrholz, 4 mm stark, Rest
- Sperrholz, 1 cm stark, 16 cm x 30 cm
- Bastelfarbe in Mittelbraun, Rot, Weiß, Hautfarbe, Olivgrün, Orange und Schwarz
- Paketschnur, 2,5 mm stark
- 4 Besenhaare in Schwarz
- Bindedraht, 0,35 mm stark
- Bindedraht, 0,65 mm stark
- Bildaufhänger
- Bohrer, ø 1,5 mm

Vorlagenbogen 2A

Muh, ich heiße Kuh!

(Anleitung Seite 30)